Beginner
WORD HUNT
puzzle finder

How to solve a Word Hunt™ puzzle

Each puzzle consists of a grid of letters and a list of words. The goal is to find all of the words hidden in the grid and circle them.

The hidden words can be found in any direction: up, down, forward, backward, or diagonally.

The words are always found in a straight line and letters are never skipped.

To solve the puzzle, circle each word as you find it in the grid. Then cross it off the list, and continue until every word has been found.

```
G L I T T E R W G
T G G B T N K L L
R X L Y Y F X H O
Y N O A T Y N N B
M L O G S G F T E
O G G W L S J D N
O V O O N U A W M
L L R K J L E M Q
G Y Q K G L O V E
```

glad	glory
glass	glow
glitter	glove
globe	glue
gloomy	igloo

1

Long A Sound

```
M  G  K  M  A  P  L  E  L
V  R  Y  S  E  O  T  I  H
Z  A  S  H  L  E  H  R  T
C  P  L  A  P  A  D  W  I
T  E  D  D  A  E  E  Z  E
C  R  L  E  T  Z  M  K  F
A  I  A  I  S  B  A  A  X
M  E  Q  I  A  M  L  L  S
E  V  D  D  N  S  B  M  U
```

blame	sail
came	same
grape	shade
make	staple
maple	train

2

AM Sound

U O S J N A Q S J
W J S L A E B O M
H A M K X G C C A
H D I A I D R H L
U K M V J S J A C
R T M O H S C M M
X F R A C R F P M
Z S M A A A V D W
K F M M M O Q S T

champ	ham
clam	jam
cram	scam
exam	sham
gram	tram

AY Sound

```
F  H  T  Y  R  C  Y  D  J
O  I  L  M  A  A  I  E  B
T  G  Y  P  T  S  Y  L  I
G  H  R  S  P  Y  Y  A  R
B  W  X  L  A  A  F  Y  T
F  A  A  R  J  R  Y  L  H
N  Y  P  E  Y  O  A  H  D
C  S  A  Y  H  O  K  B  A
G  F  Y  Z  J  H  O  P  Y
```

birthday   okay
delay   ray
display   say
highway   spray
hooray   stay

4

B Sound

```
B  E  R  A  B  J  P  U  I
B  B  E  E  F  C  B  O  I
U  P  E  G  S  O  C  B  E
R  P  K  L  R  T  A  K  B
N  Y  M  I  C  I  S  E  O
D  J  N  U  T  Y  N  D  O
H  G  U  J  B  O  C  I  S
J  Y  S  F  B  P  P  I  T
N  H  B  R  A  N  C  H  B
```

bait   boost
bare   boring
beef   branch
bicycle   bump
bone   burn

BL Sound

B T D E E L B D V
I L Y R A T B N T
B F E K Y L A G E
L H Z E A N T V K
A T C C P M S Y N
R Y K A O W A B A
E P R O E T L L L
R X L J H L B O B
C B B L U E B W B

black
blanket
blare
blast
bleach

bleed
bleep
bloom
blow
blue

Hard C Sound

```
D E A K T A C F G
O G B C E S S I C
T G U C A B G C A
T O K R O C A W N
Q R N S W S U C D
M A R N T U A T L
C C S L A K V S E
B D E E E C S N V
P E I K O O C Y U
```

cab   castle

cake   cat

cannot   cookie

candle   cork

car   cute

Soft C Sound

```
U  R  A  L  L  E  C  R  V
S  V  E  P  Y  U  T  N  N
P  E  F  C  R  W  C  O  E
J  C  C  S  I  I  E  I  C
P  I  V  A  S  M  C  C  I
E  W  O  Z  R  S  K  E  L
N  T  I  X  W  B  H  K  S
L  I  C  E  C  N  A  D  G
O  C  E  A  N  W  L  A  X
```

brace	ocean
cellar	price
dance	slice
ice	twice
mice	voice

D Sound

```
D I M E L K Y A V
T P Y P A Q G P N
R D C S J V K G O
A D K P I T C I G
D U L T E A A D A
D S J V P U D I R
E K O F E C I D D
E D E E R T N E D
P X A T O M M I M
```

daisy	dice
dart	dime
deep	dove
deer	dragon
dent	dusk

Short E Sound

```
F  I  Q  I  L  A  B  T  B
E  H  H  U  U  N  W  E  T
N  G  F  R  E  R  T  E  X
N  D  G  R  E  S  P  S  O
E  X  B  T  S  P  T  M  Z
T  T  N  E  U  D  P  S  L
U  E  F  P  S  F  L  E  S
Y  S  W  E  A  T  E  R  P
F  T  M  P  O  I  U  X  N
```

best	puppet
bet	quest
egg	sweater
enter	ten
pepper	test

Long E Sound

```
K Q P T M C F K G
B S Y C P E A T H
S H T E E T N E F
E E M T E L E A F
A E N R V B P C B
L P P A E G T H A
M H Z A E B C E M
D S T E E L O R H
O C N U X S C G Q
```

bee   seal
clean   sheep
eat   steel
feet   teacher
leaf   teeth

EN Sound

```
M E N H S T W K K
M G M G P V X I C
U N R I P L T R Q
E E H V T T O N E
V D E A E T X E Q
C R O N P U E D N
M A H Z V P N N Y
I G F B E N E P G
Q L L C T N T N C
```

den   men
dozen   mitten
garden   oxen
happen   pen
kitten   ten

F Sound

```
X  F  A  W  N  M  X  N  E
Y  L  I  F  B  R  E  F  F
R  O  L  S  U  E  W  O  V
I  W  H  A  T  N  K  L  R
A  E  A  A  B  E  N  K  Q
F  R  A  Q  I  T  K  Y  K
F  A  N  G  G  D  O  O  F
N  R  E  I  K  Q  W  O  J
F  O  M  K  R  O  F  E  F
```

fairy	folk
fang	food
fawn	football
fist	fork
flower	funny

FL Sound

```
E  T  T  H  G  I  L  F  C
K  D  R  U  T  A  L  F  I
E  F  L  U  T  T  E  R  R
K  L  K  T  E  X  D  W  E
A  E  B  J  A  R  Z  F  Y
L  S  B  F  P  O  A  L  L
F  H  W  L  O  V  L  L  F
L  R  M  I  L  M  V  F  F
R  W  U  P  F  W  F  A  R
```

flake   flip
flare   float
flat   flop
flesh   flutter
flight   flyer

Hard G Sound

R D Y N K W C T G
D K G R I N D D A
W C I V F G L G I
O E G R A P E R N
R L G G N O G A W
G G L C A W Z V U
P G E B L Y L Y G
G U O T H L R M G
D J Z L L U G E A

gag   grind
gain   grow
giggle   gull
grape   juggle
gravy   wagon

H Sound

```
M L M H O R S E E
T N H L C A C G K
O G H A W K N K C
G X Y T M H P F F
G I L O O S V Z H
C A G O P G T Y N
H O P L P P E E Y
H D E C M N I M R
D H E N A V G H B
```

halt   hippo
hamster   hog
hawk   hoop
help   horse
hen   hyena

Long I Sound

```
E  M  I  T  S  E  R  W  G
V  B  G  S  M  I  L  E  S
C  X  A  E  L  F  F  I  O
V  N  S  P  K  A  I  B  F
O  X  C  I  S  E  N  O  C
J  G  I  R  P  V  D  D  H
S  F  B  A  Y  U  A  P  I
C  H  F  T  I  D  E  I  L
G  B  Y  E  G  L  S  N  D
```

child	shy
cry	smiles
find	spy
island	tide
pirate	time

J Sound

J J M T N I O J H
L E U J E S B L J
H L A E X T O D M
M L S N L O J J Z
Q Y I W F G U A Z
D J O Y A W R B A
K O U F C J O B J
X B P S T H R E R
Y S Z S T Z A R E

jabber   job
jaws   joint
jazz   joy
jelly   juror
jinx   just

K Sound

```
P  B  B  R  K  L  E  A  K
T  P  G  V  K  E  E  W  K
Q  P  E  U  T  K  F  A  E
R  D  B  A  O  N  E  C  K
B  K  E  P  K  B  H  J  I
F  U  E  L  N  E  S  P  P
O  D  F  E  E  K  I  H  S
L  B  M  K  P  S  P  A  F
K  N  D  C  E  X  M  W  T
```

beak   peak
cheek   peek
folk   poke
hike   spike
leak   week

L Sound

```
M L M Z J L O O K
N I U L I P M V T
Y Q F M J U L J I
O U C A P I I P O
I I O W S E G P L
L D Z T L K H E P
I U E E A I T R A
C N H D M L A J U
K T S E P K X O U
```

lamp   lip
let   liquid
lick   listen
light   look
like   lump

L Sound

```
N  B  J  L  F  N  S  Y  X
R  A  N  G  Y  T  A  T  S
W  L  I  Q  C  S  Y  U  V
H  F  I  L  O  H  N  R  W
A  L  L  A  L  W  O  T  G
L  G  I  L  M  I  P  L  J
E  X  A  T  A  I  A  E  K
C  A  N  D  L  E  D  J  J
G  H  S  E  L  N  S  N  Y
```

candle   pile
jail   seal
mail   snail
nail   turtle
owl   whale

M Sound

```
M  U  S  C  L  E  V  E  G
R  C  M  A  J  O  R  M  M
M  N  I  A  T  N  U  O  M
M  I  I  L  Q  M  W  R  G
M  A  S  W  X  E  A  N  Y
M  O  G  T  R  C  N  I  L
O  A  N  N  A  R  Q  N  D
O  Y  U  E  E  K  R  G  X
D  E  C  W  Y  T  E  A  Q
```

magnet	mood
maid	morning
major	mountain
mistake	mower
money	muscle

22

M Sound

```
Z L R J Q C M I D
P M J H C R G Q A
R A U X B A M G W
O E N L K M Q M E
G R H G P H I A N
R C A D R U M E G
A S A O S M P S X
M Y M M U Y O U B
Y H B R O O M M P
```

broom   plum
cram   program
drum   scream
hum   seam
mom   yummy

N Sound

```
T  M  N  O  T  H  I  N  G
N  O  W  H  E  R  E  C  Y
W  C  N  F  V  Y  X  E  L
Z  S  O  O  B  C  L  R  A
E  N  I  H  V  D  T  U  M
N  A  T  J  E  E  B  T  R
O  K  A  E  I  A  L  A  O
N  E  N  O  S  B  C  N  N
E  D  R  N  I  K  P  A  N
```

naked   none
napkin   normal
nation   nothing
nature   novel
needle   nowhere

N Sound

```
I  J  I  I  B  U  N  S  A
T  T  N  I  A  R  D  O  D
U  K  N  T  T  O  M  O  D
S  A  A  C  K  V  O  N  O
B  N  G  N  K  E  O  P  Z
K  A  Z  U  A  N  N  H  E
B  R  A  I  N  G  N  L  N
T  D  T  L  H  I  E  U  U
H  W  F  L  P  X  E  B  G
```

began	gun
brain	moon
bun	oven
dozen	soon
drain	tan

NT Sound

```
C  H  T  N  O  R  F  W  W
P  L  H  Y  F  E  L  H  A
F  A  V  A  I  A  W  P  N
S  S  I  G  U  E  I  T  T
T  A  N  N  N  N  N  N  N
N  E  I  T  T  E  T  C  T
E  X  L  N  S  O  Q  X  K
C  A  S  O  T  D  G  F  O
V  L  G  R  U  N  T  U  R
```

cent   paint
faint   saint
front   sent
haunt   want
grunt   went

Long O Sound

M T A O B A R D V
G M S F B R C K V
G W Y L L R F T T
O H I W O O E N F
A W S N W W A O W
T O C G D O W I W
Y H O T L O O O O
M S L B O A W W R
D C D M T Y H B C

arrow   loan
boat   oat
blow   scold
crow   show
goat   window

27

OP Sound

M G H I Y U P O H
P H E J Q N P P Z
L Q N Q D M O P X
O P O T S L R Q J
P P H T H P D X V
W O C P O O P J G
D M O L P H R C W
U L S X A C O E M
F A I Y U Z P T O

chop   plop
drop   prop
flop   shop
hop   slop
mop   stop

OT Sound

```
W  R  H  V  T  O  L  S  J
I  I  X  T  F  O  P  T  Y
E  N  O  L  M  T  P  J  S
U  G  Z  O  X  B  R  D  W
M  T  W  T  S  T  J  O  A
S  T  Q  H  O  R  S  T  S
N  I  O  C  V  K  C  U  D
V  T  D  P  Q  K  N  O  T
H  O  T  M  S  G  J  N  N
```

cot	lot
dot	pot
got	shot
hot	slot
knot	spot

P Sound

P A I N T I N G C
P Q Q P A S T S E
W I F L L I P L L
G O A V F A R R P
P G Z N L W I T O
U Z S E O Q N O E
L O E R U T C I P
L Y D K N W E A P
D Q P F O H S U P

painting   piano
pale   pill
past   prince
people   pull
picture   push

P Sound

```
Y  T  H  J  M  X  N  H  F
X  V  S  O  I  M  H  P  C
T  F  P  T  S  P  O  G  P
H  S  I  P  E  S  O  N  A
H  N  S  T  O  P  P  R  L
S  A  J  N  F  L  O  P  C
Z  P  I  N  S  L  I  P  Q
E  A  G  I  M  U  U  E  B
T  U  Z  A  N  C  I  V  H
```

clap	mop
crop	snap
flop	snip
hoop	step
lip	stop

Q Sound

```
M O S Q U I T O S
X P Q K Y B L Q T
A I U S W J U U N
K U I Q Y I Q Q O
C Q S U D U L J E
A E H A E Y T B G
U V Y W D A U Q S
Q S Q U E E Z E A
U C K A E U Q S U
```

equip	squeak
mosquito	squeeze
quack	squid
squad	squishy
squaw	tuque

R Sound

```
R  E  B  B  U  R  N  E  P
A  H  W  R  A  K  E  E  C
D  S  U  O  A  R  L  J  E
I  I  D  U  B  C  U  P  S
O  D  N  I  Y  N  I  R  N
O  A  V  C  P  C  I  W  I
Z  R  E  Q  E  A  P  A  R
M  R  A  R  Q  X  R  W  R
R  A  T  T  L  E  R  U  Y
```

radio   rattle
radish   recipe
rainbow   recycle
rake   rinse
rapid   rubber

S Sound

```
A  L  E  Q  M  S  S  W  A
V  S  Z  N  I  H  O  W  F
M  L  S  A  M  E  F  K  S
I  I  T  X  P  S  A  U  S
W  P  P  E  N  E  P  K  A
S  J  B  A  E  P  V  C  I
G  F  K  N  E  W  O  O  L
A  E  F  R  U  N  S  S  D
P  T  O  S  E  S  J  R  U
```

sail	sofa
same	sun
slip	supper
snake	swim
sock	sweet

S Sound

C H R I S T M A S
S E V Z Q V W C O
S S X S J S P O E
E S C P B G N M H
N E S A R B X P I
I R P A N E A A S
S T A M G V S S S
U C I M L Z A S S
B A K S U L P S U

actress	compass
bass	express
business	gas
canvas	hiss
Christmas	plus

SH Sound

```
B  S  H  J  Q  F  U  A  C
O  B  D  H  K  N  S  L  B
C  L  F  I  S  H  C  H  U
H  U  K  A  S  A  R  F  S
S  S  H  A  O  A  A  L  H
A  H  R  H  V  Y  S  A  H
L  T  L  S  Q  L  H  S  D
S  C  X  A  B  M  A  H  N
M  H  P  D  L  C  R  P  F
```

ash   dash
blush   fish
bush   flash
cash   slash
crash   trash

SP Sound

```
L  I  Q  O  C  T  I  P  S
D  S  Y  K  Y  I  S  R  G
Q  S  P  I  L  L  P  M  N
G  P  T  O  N  J  I  P  A
H  U  G  R  K  O  K  S  P
T  T  A  Y  O  E  E  P  S
E  T  J  H  T  P  I  O  V
M  E  C  I  P  S  S  T  Q
N  R  S  P  I  N  F  U  W
```

span   spit
spice   spoke
spike   sports
spill   spot
spin   sputter

ST Sound

C K M E T T S U D
H A I R C X C Q F
P T A B S T O R M
C T E I S S O U H
S G K S K S T O P
O P M A T S O W K
Z O M L S O E R R
A S T O V E R C K
L T X C K N O Y M

dust   stop
frost   storm
post   story
stamp   stove
start   test

T Sound

```
E  Y  O  V  T  K  T  J  M
T  A  K  N  D  A  Q  T  S
A  D  I  N  B  I  U  W  A
S  B  T  B  A  R  N  K  H
S  M  Y  I  K  T  E  X  T
E  O  T  E  U  T  U  T  T
L  T  Y  I  J  P  A  H  A
P  B  X  E  M  M  T  S  C
X  L  W  Y  E  E  S  Y  O
```

tabby	text
taco	time
tame	tomb
tank	turkey
tassel	tutu

TH Sound

```
D  T  J  X  P  H  T  O  M
O  K  Z  H  A  H  A  C  X
L  P  A  L  T  B  A  T  H
I  H  H  B  H  E  Y  M  S
T  T  T  X  R  B  E  M  I
O  A  E  U  A  O  O  T  P
A  E  G  T  O  O  T  H  T
L  R  C  P  T  M  Q  H  V
D  W  Y  H  T  O  L  C  K
```

bath	path
broth	smooth
cloth	teeth
moth	tooth
mouth	wreath

40

TR Sound

```
K  E  T  R  A  C  K  T  O
L  A  Q  P  N  A  R  V  C
M  Z  Q  T  O  I  W  P  M
T  R  Q  K  G  O  A  E  T
F  R  T  G  T  R  R  M  R
O  T  E  R  T  R  K  T  A
F  R  J  A  I  G  U  Z  D
T  U  E  T  T  C  Z  S  E
U  E  T  R  U  N  K  F  T
```

track	trigger
trade	troop
trap	true
treat	trunk
trick	trust

Long U Sound

```
G  H  I  U  Y  T  G  L  Y
E  B  C  U  E  W  E  D  J
U  M  U  T  E  S  D  H  W
L  L  B  E  D  F  U  G  V
C  C  E  X  T  R  R  B  V
Z  I  V  A  C  U  U  M  A
A  S  S  P  S  I  L  D  A
Y  U  Z  H  B  T  T  C  H
F  M  B  R  U  T  E  V  Y
```

abuse   lute
brute   music
clue   mute
cube   rude
fruit   vacuum

42

Short U Sound

```
R  F  Z  I  V  G  U  D  E
O  G  B  A  T  C  X  N  K
M  S  U  S  V  S  K  K  Y
S  G  S  H  T  G  U  R  F
H  Y  U  K  C  U  D  N  U
F  K  R  T  R  T  M  B  S
Z  C  T  H  U  M  B  P  S
S  U  S  Q  E  Y  N  B  B
R  L  R  E  D  N  U  N  C
```

bus	rug
duck	stump
dug	sun
fuss	thumb
lucky	under

43

UM Sound

```
J  R  P  H  G  J  F  H  D
V  R  R  M  L  V  D  M  R
T  K  U  M  U  F  N  U  U
O  Y  U  U  M  G  C  R  M
Q  M  Q  B  U  O  L  A  Q
W  B  H  M  M  U  C  S  C
Q  V  Y  U  F  U  Y  V  F
G  V  F  C  M  I  N  S  E
T  Z  V  P  M  U  B  V  V
```

bump   mum
drum   numb
glum   rum
gum   scum
hum   yum

V Sound

```
T  V  S  V  A  L  L  E  Y
N  B  A  W  X  O  W  V  W
E  T  M  C  R  M  A  V  E
L  P  S  C  A  C  J  E  I
O  U  G  E  U  T  S  B  V
I  U  N  U  V  A  I  H  S
V  A  M  Z  V  U  K  O  B
V  O  N  A  C  L  O  V  N
O  O  N  T  L  O  V  K  P
```

vacation	vest
vacuum	view
valley	violent
vane	volcano
vase	volt

W Sound

```
V  Q  A  W  W  W  O  W  W
L  H  Z  B  E  V  E  W  I
C  H  V  M  S  S  M  A  G
W  A  O  O  T  U  O  K  G
O  E  G  N  H  R  C  E  L
C  G  L  S  Y  L  L  R  E
E  W  I  L  J  A  E  F  M
Y  W  F  W  M  W  W  E  T
J  T  K  V  U  K  W  D  K
```

wake   wet
walrus   wig
welcome   wiggle
well   wish
west   wow

46

W Sound

```
A A L L O W A R D
K I P G S T E W N
Y P L E H R O Z O
P B O D Y R W C K
Z A W P B O S N T
W E W E C E E X B
A O Y S Z W M S E
L E S O R R O W W
C I H V H F U K A
```

allow	knew
claw	paw
cow	plow
draw	sorrow
eyebrow	stew

X Sound

```
A  J  P  N  U  T  L  K  B
T  W  K  W  T  Z  W  X  U
Z  E  X  E  H  Z  U  S  E
I  L  R  B  O  T  I  D  X
P  I  E  W  R  X  N  T  P
F  X  A  H  A  U  D  B  E
W  I  I  H  X  F  E  C  R
B  R  D  M  O  A  X  G  T
Z  B  B  M  T  X  E  V  U
```

elixir   mix
expert   six
fax   thorax
hex   tux
index   vex

Y Sound

```
C  G  I  Y  P  Y  A  R  D
C  V  U  O  Y  K  V  L  Q
X  P  E  G  A  O  I  W  D
Y  A  Q  U  G  Z  W  L  T
A  D  X  R  O  M  E  L  J
R  P  N  T  Y  I  R  C  G
N  U  Y  S  Y  J  A  K  V
K  J  O  E  Q  U  E  H  P
P  E  H  Y  E  D  Y  D  I
```

yard   yoga
yarn   yogurt
year   your
yes   yowl
yield   yup

Y Vowel Sounds

```
F  S  A  T  D  E  N  Y  L
N  Y  V  W  O  I  V  A  Y
R  M  Y  D  M  G  H  Q  Q
E  B  F  R  A  A  U  U  U
L  O  W  Z  R  I  N  Y  A
Y  L  M  G  V  A  R  Y  R
Z  F  A  I  R  Y  M  Y  R
R  U  H  M  J  J  Y  D  Y
K  D  Y  L  P  M  O  C  Z
```

comply   many
dairy   marry
deny   quarry
fairy   rely
guy   symbol

Z Sound

C T Y L Z Z I R G
F R O Z E S Q E R
F A A S I Z E M E
W I M Z Q F P Z Y
D P Z A Y I O J Z
D S Q Z Z O Z U A
T A S U N E Q L L
B X Z S I H I R E
E Q O E E Z K E X

amaze   grizzly
crazy   lazy
daze   quiz
fizz   size
froze   snooze

Long A Sound: Pg 2

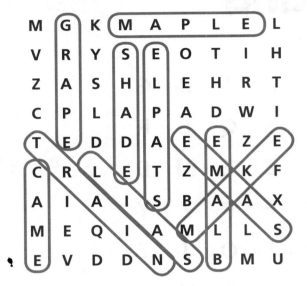

M G K M A P L E L
V R Y S E O T I H
Z A S H L E H R T
C P L A P A D W I
T E D D A E E Z E
C R L E T Z M K F
A I A I S B A A X
M E Q I A M L L S
E V D D N S B M U

AM Sound: Pg 3

U O S J N A Q S J
W J S L A E B O M
H A M K X G C C A
H D I A I D R H L
U K M V J S J A C
R T M O H S C M M
X F R A C R F P M
Z S M A A A V D W
K F M M M O Q S T

AY Sound: Pg 4

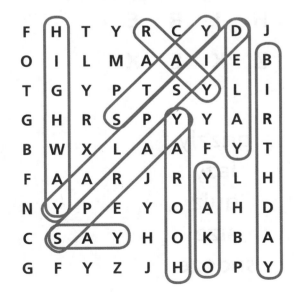

F H T Y R C Y D J
O I L M A A I E B
T G Y P T S Y L I
G H R S P Y Y A R
B W X L A A F Y T
F A A R J R Y L H
N Y P E Y O A H D
C S A Y H O K B A
G F Y Z J H O P Y

B Sound: Pg 5

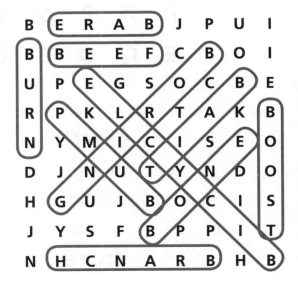

B E R A B J P U I
B B E E F C B O I
U P E G S O C B E
R P K L R T A K B
N Y M I C I S E O
D J N U T Y N D O
H G U J B O C I S
J Y S F B P P I T
N H C N A R B H B

52

BL Sound: Pg 6

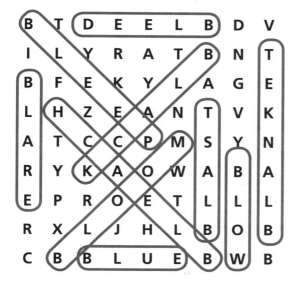

```
B T D E E L B D V
I L Y R A T B N T
B F E K Y L A G E
L H Z E A N T V K
A T C C P M S Y N
R Y K A O W A B A
E P R O E T L L L
R X L J H L B O B
C B B L U E B W B
```

Hard C Sound: Pg 7

```
D E A K T A C F G
O G B C E S S I C
T G U C A B G C A
T O K R O C A W N
Q R N S W S U C D
M A R N T U A T L
C C S L A K V S E
B D E E E C S N V
P E I K O O C Y U
```

Soft C Sound: Pg 8

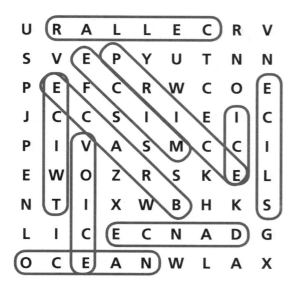

```
U R A L L E C R V
S V E P Y U T N N
P E F C R W C O E
J C S I I E I C
P I V A S M C C I
E W O Z R S K E L
N T I X W B H K S
L I C E C N A D G
O C E A N W L A X
```

D Sound: Pg 9

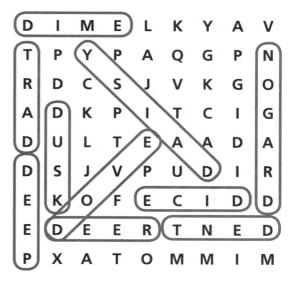

```
D I M E L K Y A V
T P Y P A Q G P N
R D C S J V K G O
A D K P I T C I G
D U L T E A A D A
D S J V P U D I R
E K O F E C I D D
E D E E R T N E D
P X A T O M M I M
```

Short E Sound: Pg 10

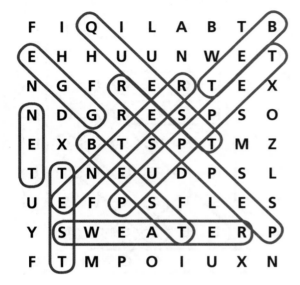

```
F I Q I L A B T B
E H H U N W E T
N G F R E R T E X
N D G R E S P S O
E X B T S P T M Z
T T N E U D P S L
U E F P S F L E S
Y S W E A T E R P
F T M P O I U X N
```

Long E Sound: Pg 11

```
K Q P T M C F K G
B S Y C P E A T H
S H T E E T N E F
S E M T E L E A F
A E N R V B P C B
L P P A E G T H A
M H Z A E B C E M
D S T E E L O R H
O C N U X S C G Q
```

EN Sound: Pg 12

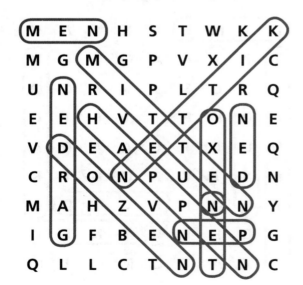

```
M E N H S T W K K
M G M G P V X I C
U N R I P L T R Q
E E H V T T O N E
V D E A E T X E Q
C R O N P U E D N
M A H Z V P N N Y
I G F B E N E P G
Q L L C T N T N C
```

F Sound: Pg 13

```
X F A W N M X N E
Y L I F B R E F F
R O L S U E W O V
I W H A T N K L R
A E A A B E N K Q
F R A Q I T K Y K
F A N G G D O O F
N R E I K Q W O J
F O M K R O F E F
```

FL Sound: Pg 14

Hard G Sound: Pg 15

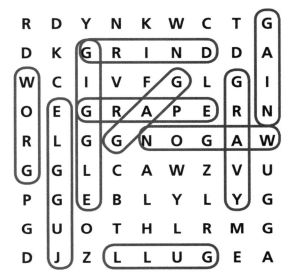

H Sound: Pg 16

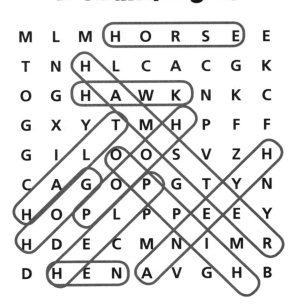

Long I Sound: Pg 17

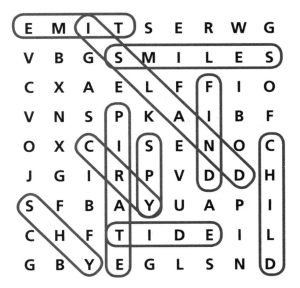

J Sound: Pg 18

K Sound: Pg 19

L Sound: Pg 20

L Sound: Pg 21

M Sound: Pg 22

M Sound: Pg 23

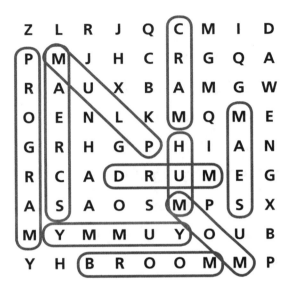

N Sound: Pg 24

N Sound: Pg 25

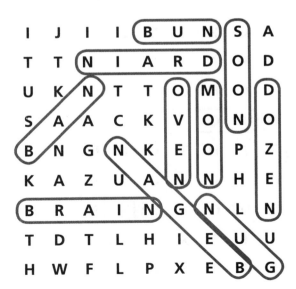

NT Sound: Pg 26

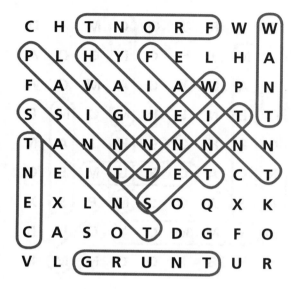

Long O Sound: Pg 27

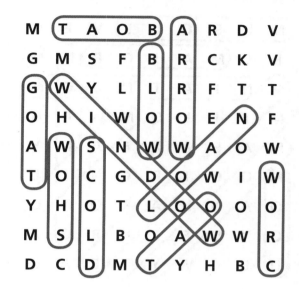

OP Sound: Pg 28

OT Sound: Pg 29

P Sound: Pg 30

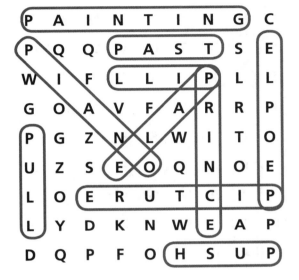

```
P A I N T I N G C
P Q Q P A S T S E
W I F L L I P L L
G O A V F A R R P
P G Z N L W I T O
U Z S E O Q N O E
L O E R U T C I P
L Y D K N W E A P
D Q P F O H S U P
```

P Sound: Pg 31

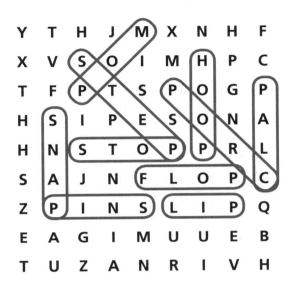

```
Y T H J M X N H F
X V S O I M H P C
T F P T S P O G P
H S I P E S O N A
H N S T O P P R L
S A J N F L O P C
Z P I N S L I P Q
E A G I M U U E B
T U Z A N R I V H
```

Q Sound: Pg 32

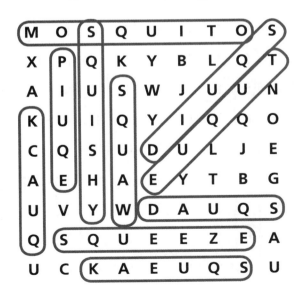

```
M O S Q U I T O S
X P Q K Y B L Q T
A I U S W J U U N
K U I Q Y I Q Q O
C Q S U D U L J E
A E H A E Y T B G
U V Y W D A U Q S
Q S Q U E E Z E A
U C K A E U Q S U
```

R Sound: Pg 33

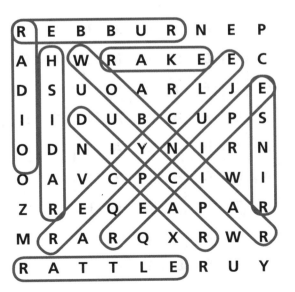

```
R E B B U R N E P
A H W R A K E E C
D S U O A R L J E
I I D U B C U P S
O D N I Y N I R N
O A V C P C I W I
Z R E Q E A P A R
M R A R Q X R W R
R A T T L E R U Y
```

S Sound: Pg 34

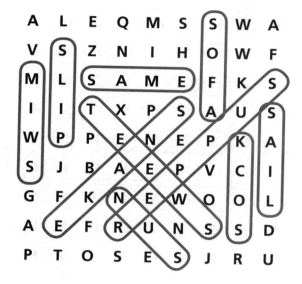

S Sound: Pg 35

SH Sound: Pg 36

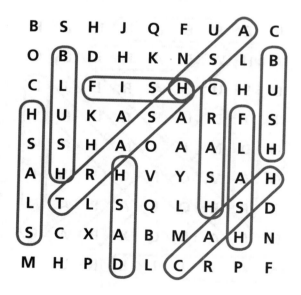

SP Sound: Pg 37

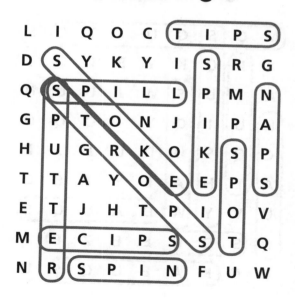

ST Sounds: Pg 38

```
C K M E T T S U D
H A I R C X C Q F
P T A B S T O R M
C T E I S S O U H
S G K S K S T O P
O P M A T S O W K
Z O M L S O E R R
A S T O V E R C K
L T X C K N O Y M
```

T Sound: Pg 39

```
E Y O V T K T J M
T A K N D A Q T S
A D I N B I U W A
S B T B A R N K H
S M O Y I K T E X T
E O T E U T U T T
L T Y I J P A H A
P B X E M M T S C
X L W Y E E S Y O
```

TH Sound: Pg 40

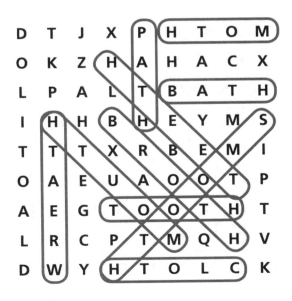

```
D T J X P H T O M
O K Z H A H A C X
L P A L T B A T H
I H H B H E Y M S
T T T X R B E M I
O A E U A O O T P
A E G T O O T H T
L R C P T M Q H V
D W Y H T O L C K
```

TR Sound: Pg 41

```
K E T R A C K T O
L A Q P N A R V C
M Z Q T O I W P M
T R Q K G O A E T
F R T G T R R M R
O T E R T R K T A
F R J A I G U Z D
T U E T T C Z E
U E T R U N K F T
```

61

Long U Sound: Pg 42

```
G H I U Y T G L Y
E B C U E W E D J
U M U T E S D H W
L L B E D F U G V
C C E X T R R B V
Z I V A C U U M A
A S S P S I L D A
Y U Z H B T T C H
F M B R U T E V Y
```

Short U Sound: Pg 43

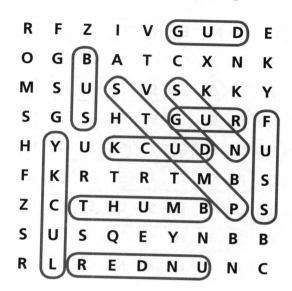

```
R F Z I V G U D E
O G B A T C X N K
M S U S V S K K Y
S G S H T G U R F
H Y U K C U D N U
F K R T R T M B S
Z C T H U M B P S
S U S Q E Y N B B
R L R E D N U N C
```

UM Sound: Pg 44

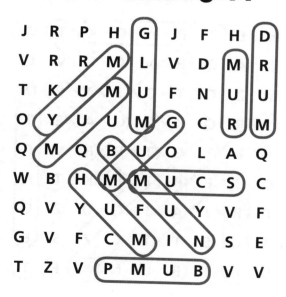

```
J R P H G J F H D
V R R M L V D M R
T K U M U F N U U
O Y U U M G C R M
Q M Q B U O L A Q
W B H M M U C S C
Q V Y U F U Y V F
G V F C M I N S F
T Z V P M U B V V
```

V Sound: Pg 45

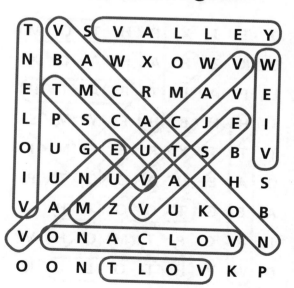

```
T V S V A L L E Y
N B A W X O W V W
E T M C R M A V E
L P S C A J E I
O U G E U T S B V
I U N U V A H S
V A M Z V U K O B
V O N A C L O V N
O O N T L O V K P
```

W Sound: Pg 46

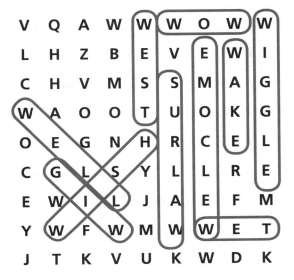

W Sound: Pg 47

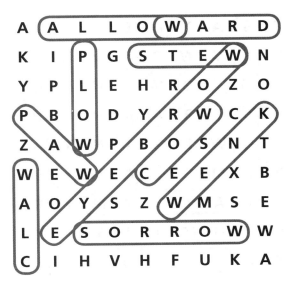

X Sound: Pg 48

Y Sound: Pg 49

Y Vowel Sounds: Pg 50

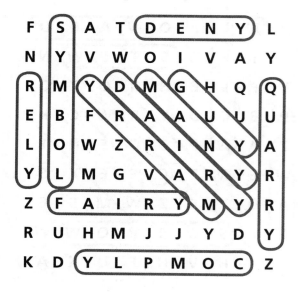

```
F  S  A  T  D  E  N  Y  L
N  Y  V  W  O  I  V  A  Y
R  M  Y  D  M  G  H  Q  Q
E  B  F  R  A  U  U  U  U
L  O  W  Z  R  I  N  Y  A
Y  L  M  G  V  A  R  Y  R
Z  F  A  I  R  Y  M  Y  R
R  U  H  M  J  J  Y  D  Y
K  D  Y  L  P  M  O  C  Z
```

Z Sound: Pg 51

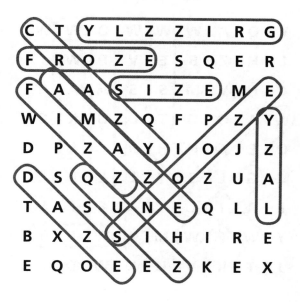

```
C  T  Y  L  Z  Z  I  R  G
F  R  O  Z  E  S  Q  E  R
F  A  A  S  I  Z  E  M  E
W  I  M  Z  Q  F  P  Z  Y
D  P  Z  A  Y  I  O  J  Z
D  S  Q  Z  Z  O  Z  U  A
T  A  S  U  N  E  Q  L  L
B  X  Z  S  I  H  I  R  E
E  Q  O  E  E  Z  K  E  X
```